Índice

Unidad 1 Este soy yo 2

Unidad 2 Mi familia 10

Unidad 3 Mi colegio 18

Unidad 4 Mis juguetes 26

Unidad 5 Mi clase 34

Unidad 6 Mi ropa 42

Unidad 7 La granja 50

Unidad 8 Mi cuerpo 58

Unidad 9 La comida 66

Unidad 10 ¡Es fin de semana! 74

CLAN 7 INICIAL

CUADERNO DE ACTIVIDADES

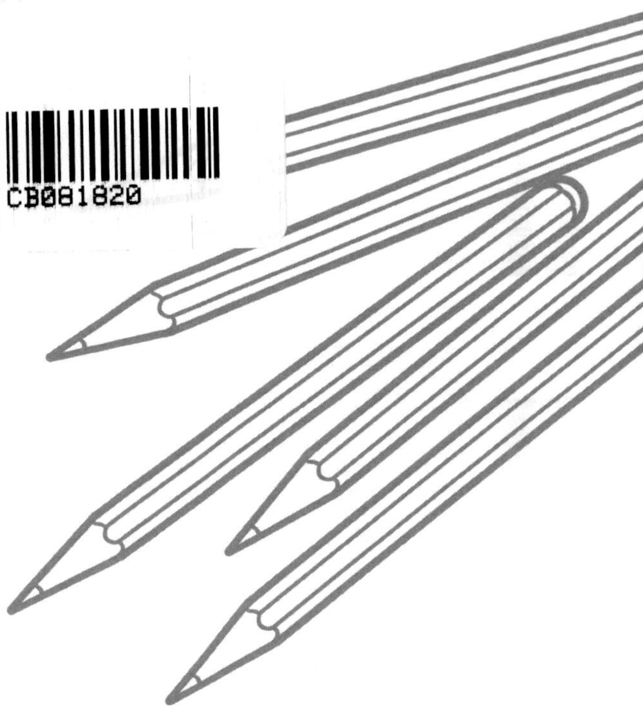

CB081820

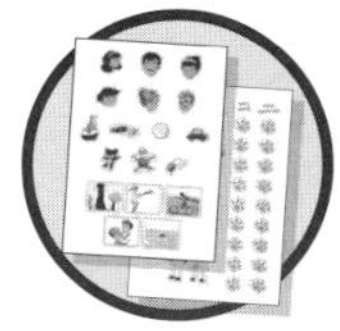

Autoadhesivos

Diploma de Español

Edinumen

1 Este soy yo

Sesión 1

MI PROGRESO

A. Une.

Sara • • Pablo

Lola • • Beni

A. Colorea. Di los nombres.

Sesión 3

A. Une y di.

A. Encuentra y rodea.

Sesión 5

A. Escribe.

A A A

a a a

B. Colorea y di.

A. Escribe.

B B B

b b b

B. Colorea y di.

Sesión 7

A. Cuenta y rodea.

1 2

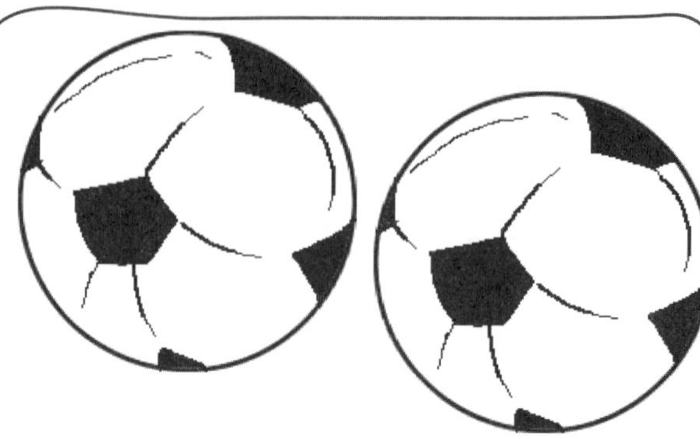

1 2

1 2

1 2

B. Escribe.

1

2

A. Rodea las manzanas *A*, *a*, *B* y *b*.

2 Mi familia

MI PROGRESO

Sesión 1

A. Completa y di.

A. Pega y di.

mi familia

A. Une.

A. Di y une. Luego, pega.

Sesión 5

A. Escribe.

C C C

c c c

B. Colorea y di.

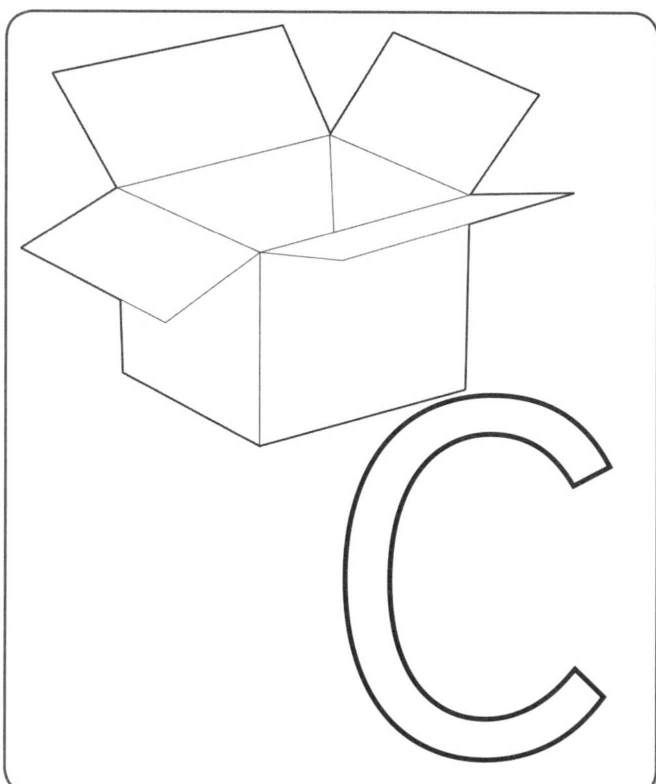

A. Escribe.

D D D

d d d

B. Colorea y di.

Sesión 7

A. Cuenta y rodea.

3 4

3 4

3 4

3 4

3 4

3 4

B. Dibuja.

3 3 3

4 4 4

A. Colorea los gatos *C*, *c*, *D* y *d*.

3 Mi colegio

MI PROGRESO

Sesión 1

A. Colorea y une.

escribir

cantar

leer

dibujar

A. Mira y une.

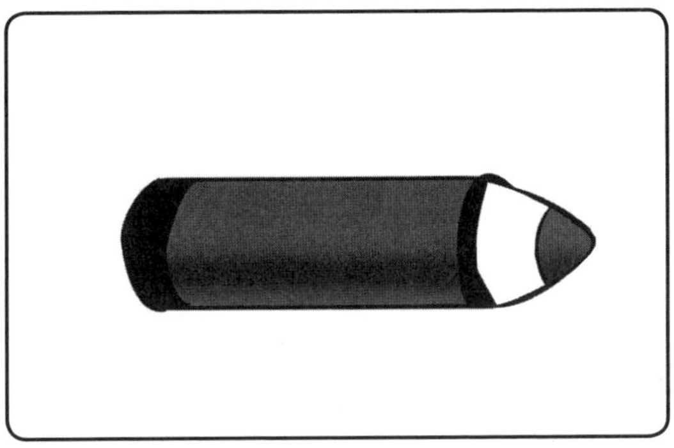

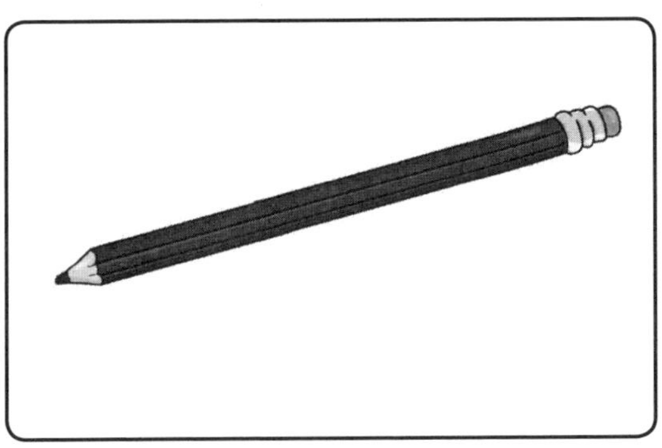

Sesión 3

A. Encuentra y rodea.

A. Di y une.

Sesión 5

A. Escribe.

B. Colorea y di.

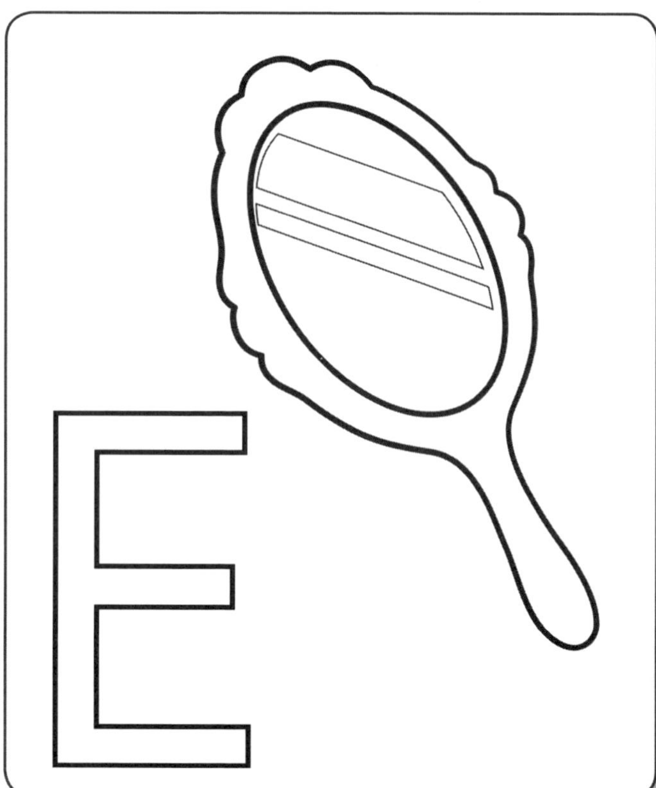

A. Escribe.

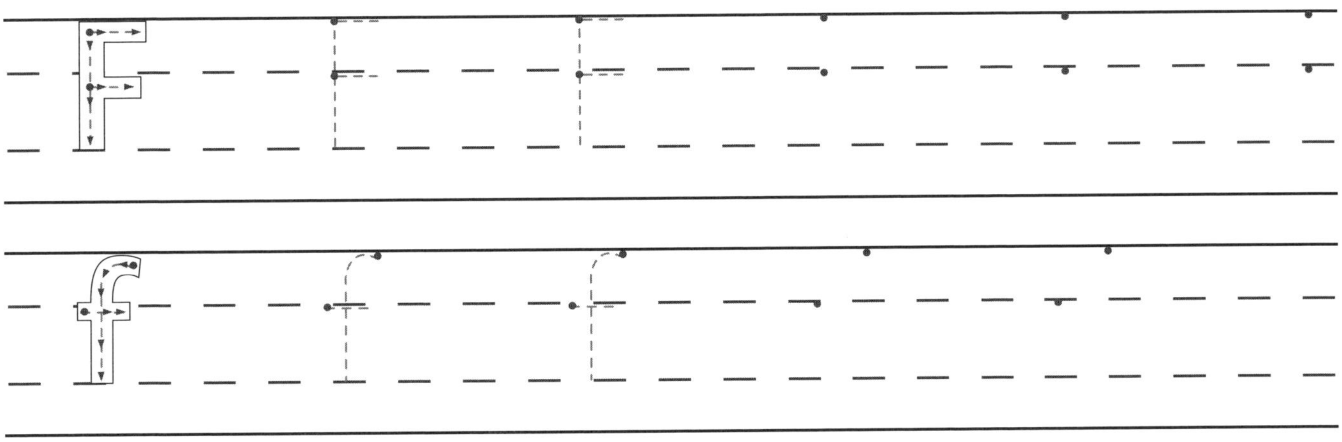

B. Colorea y di.

A. Une.

tres

cuatro

cuatro

cinco

cuatro

cinco

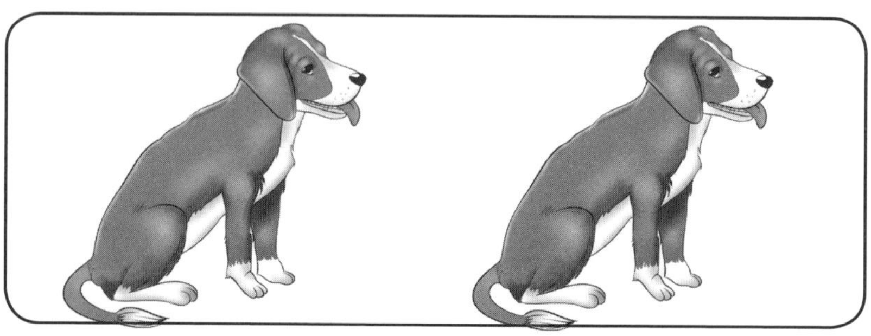

dos

tres

B. Escribe.

5 5 5

A. Colorea los peces *E*, *e*, *F* y *f*.

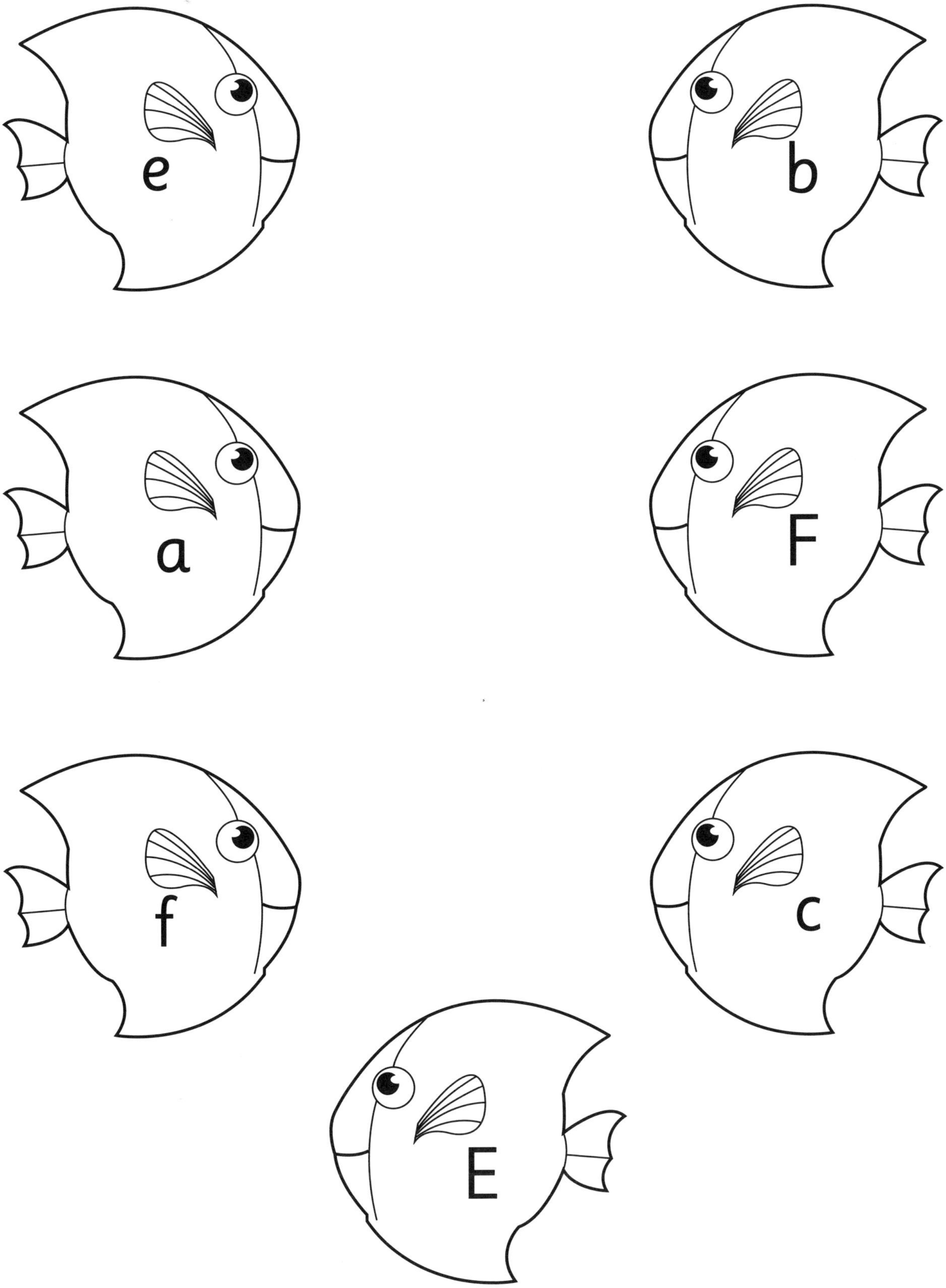

4 Mis juguetes

MI PROGRESO

Sesión 1

A. Dibuja, colorea y di.

A. Di y relaciona.

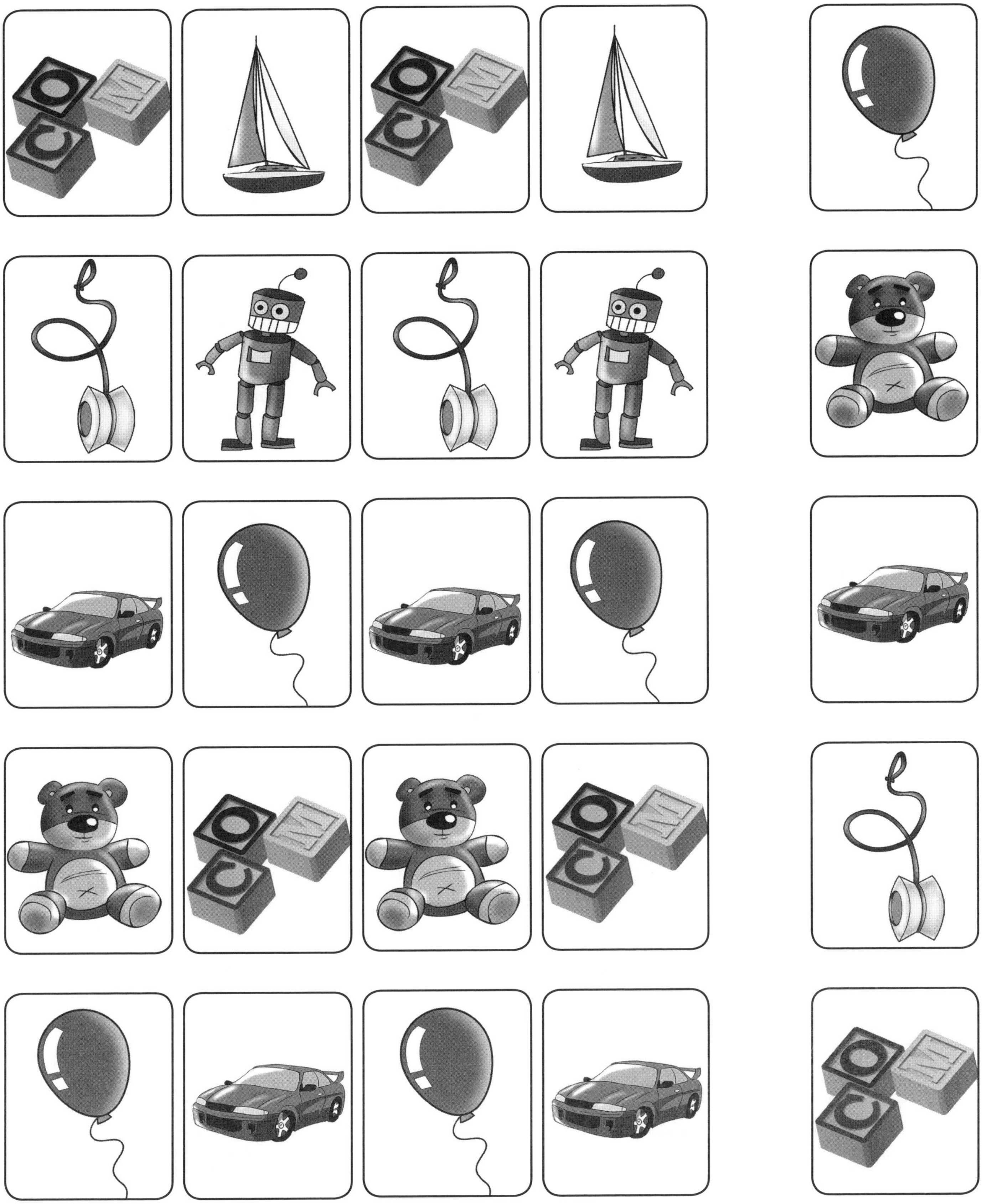

Sesión 3

A. Une.

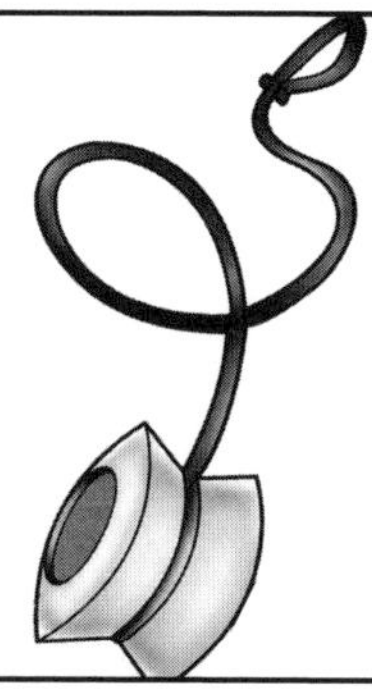

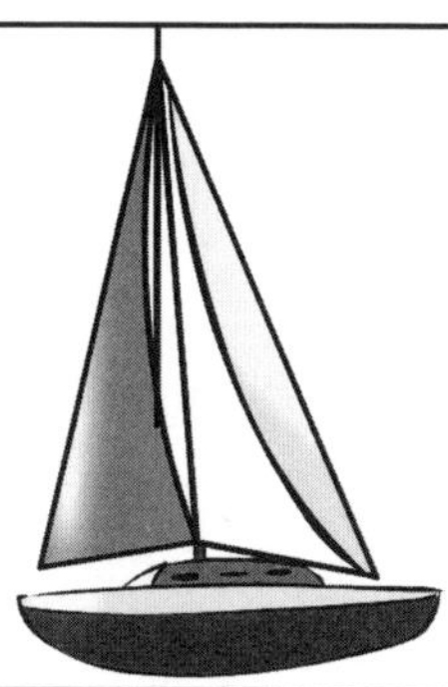

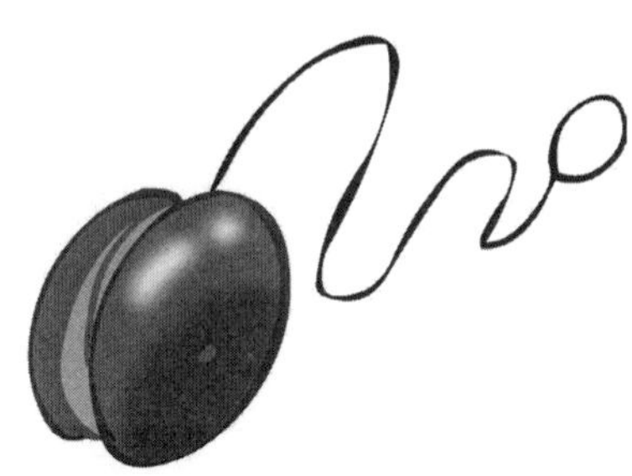

A. Encuentra y pega.

Sesión 5

A. Escribe.

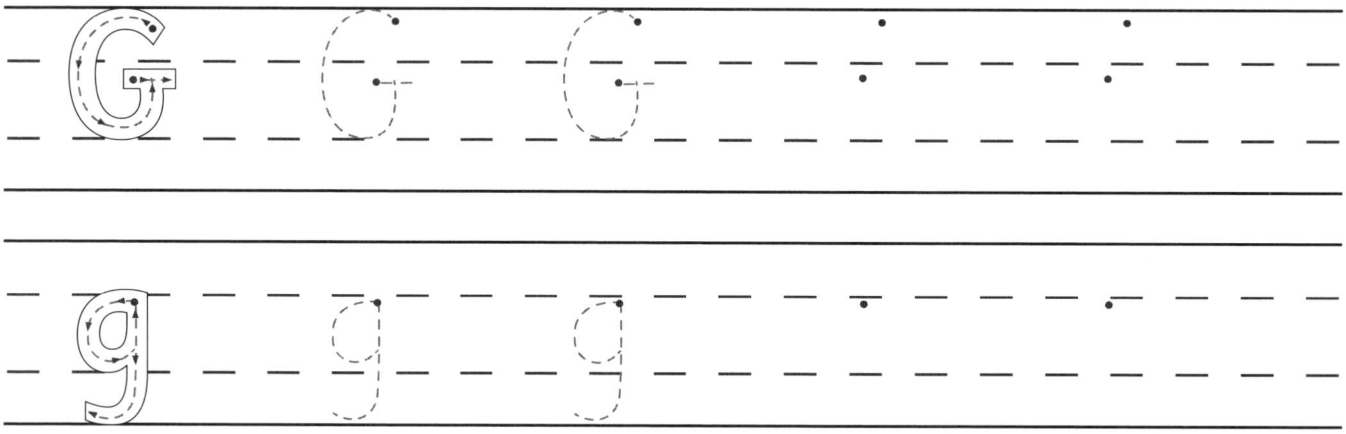

B. Colorea y di.

A. Escribe.

B. Colorea y di.

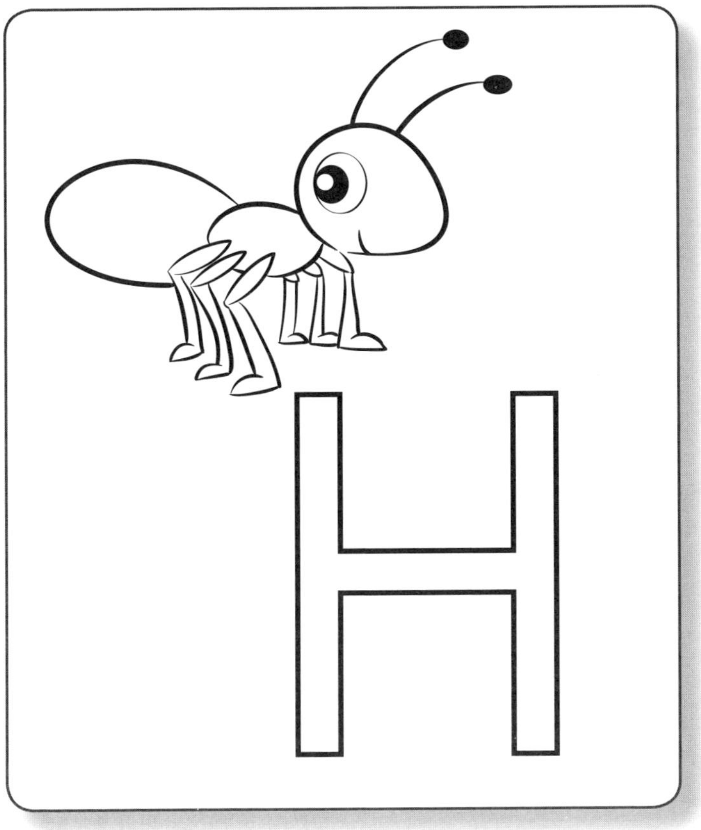

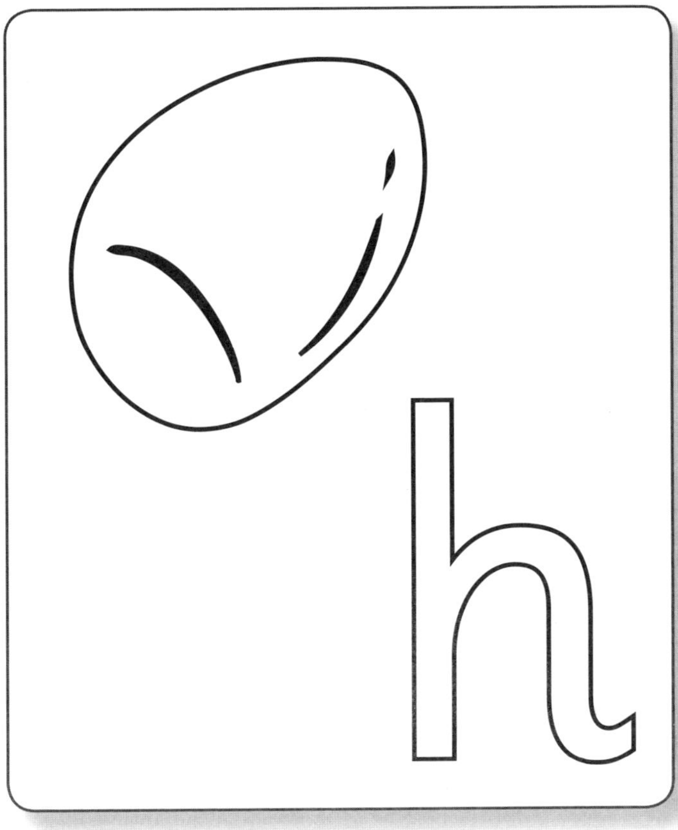

Sesión 7

A. Mira y colorea.

1. rojo	2. verde	3. azul	4. amarillo	5. negro

A. Colorea los elefantes *G*, *g*, *H* y *h*.

5 Mi clase

MI PROGRESO

Sesión 1

A. Mira y rodea.

A. Une y di.

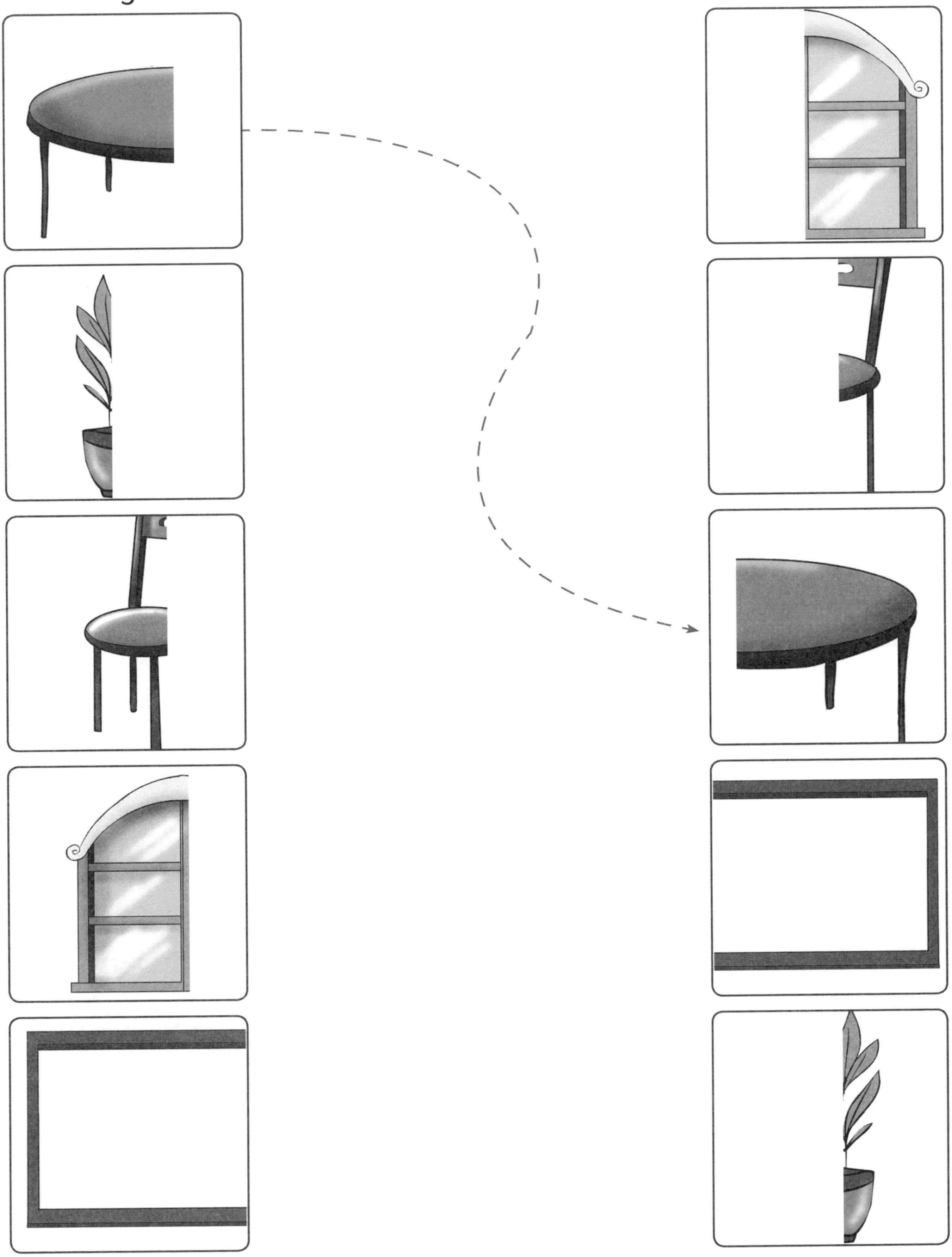

Sesión 3

A. Mira y rodea.

A. Escribe.

I

i

B. Colorea y di.

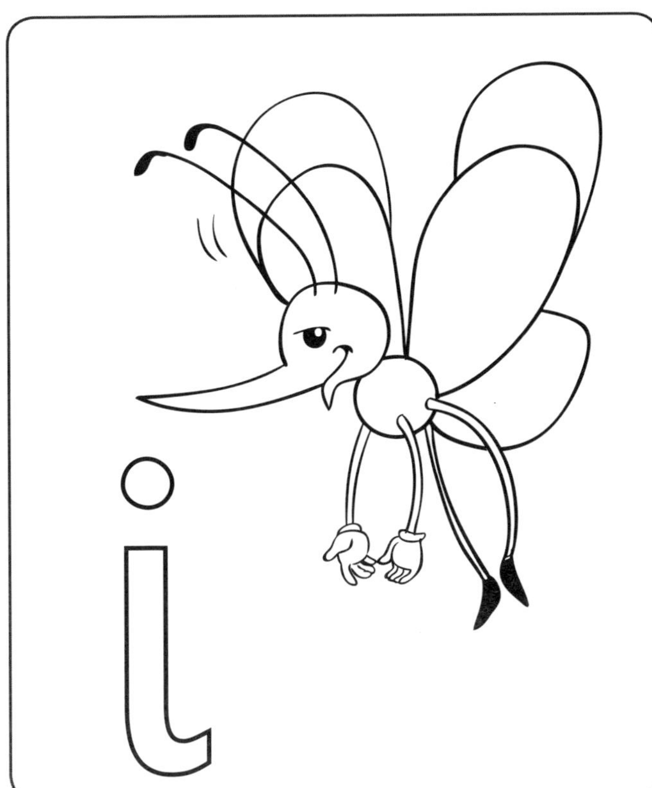

Sesión 5

A. Escribe.

J J J

j j j

B. Colorea y di.

A. Escribe.

B. Colorea y di.

Sesión 7

A. Cuenta y rodea.

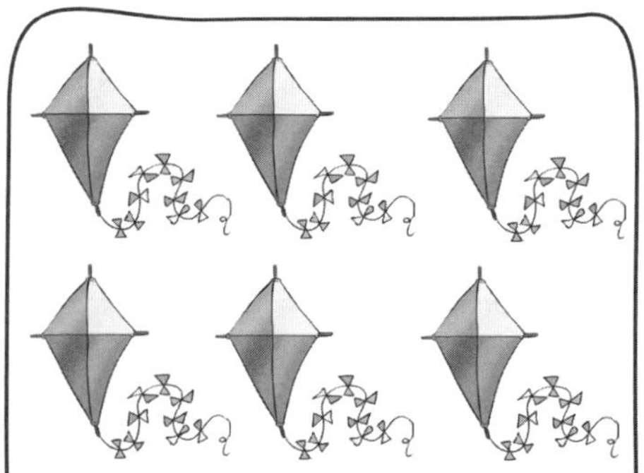

6 7

6 7

6 7

6 7

6 7

6 7

B. Escribe.

6 6 6

7 7 7

A. Colorea las cometas *I*, *i*, *J*, *j*, *K* y *k*.

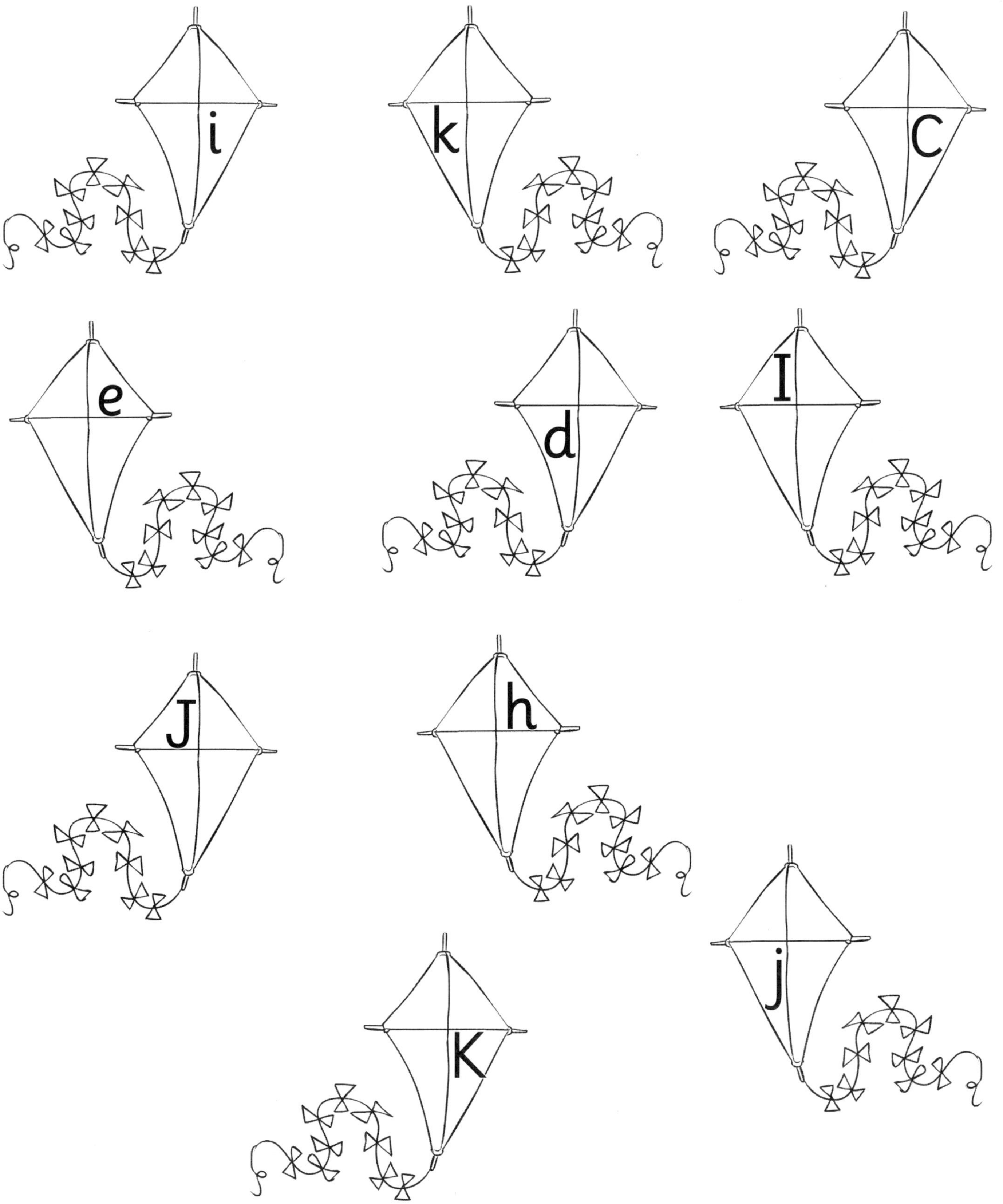

6 Mi ropa

MI PROGRESO

Sesión 1

A. Colorea y di.

A. Encuentra y rodea.

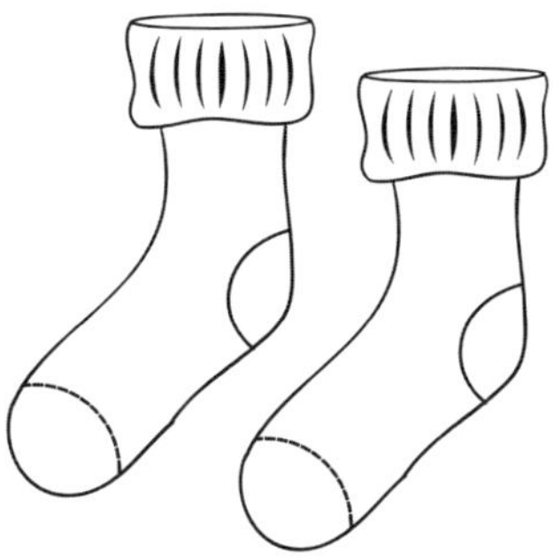

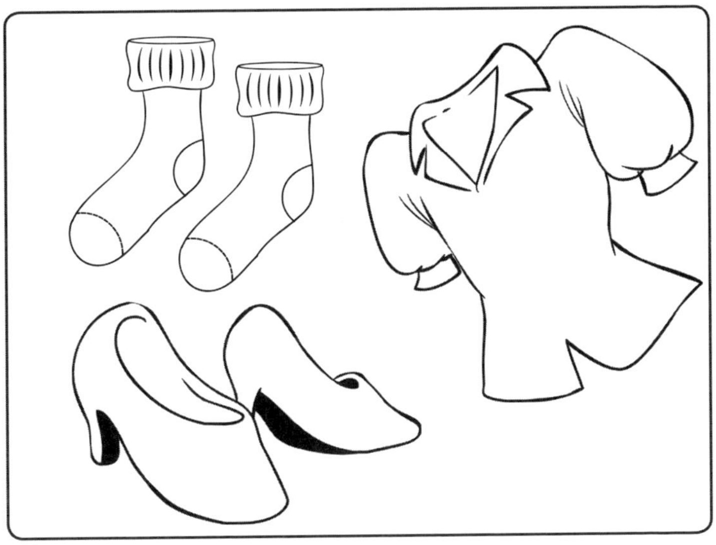

Sesión 3

A. Colorea.

¡MUY BIEN!

BIEN (REPASO)

A. Escribe.

L

l

B. Colorea y di.

Sesión 5

A. Escribe.

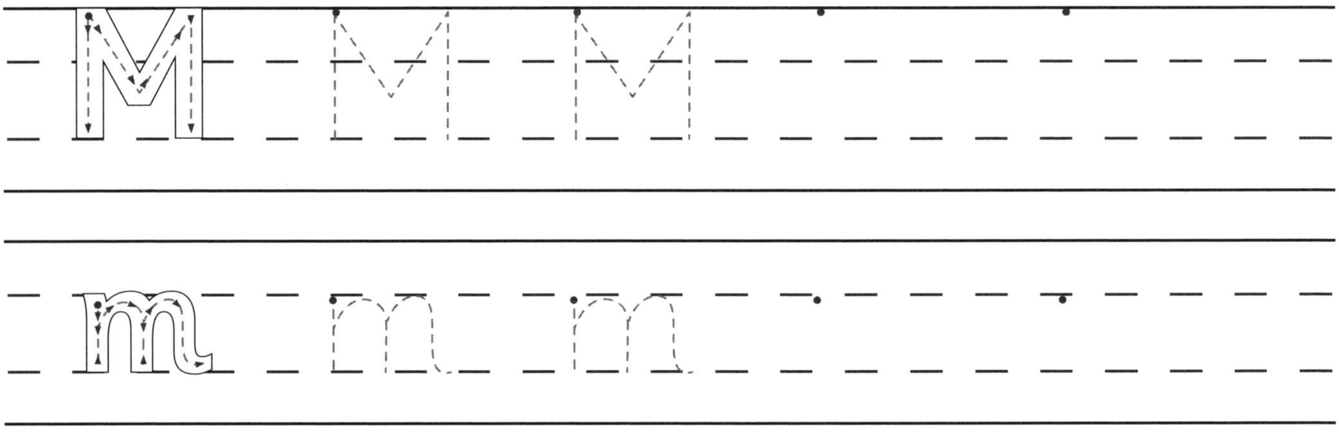

B. Colorea y di.

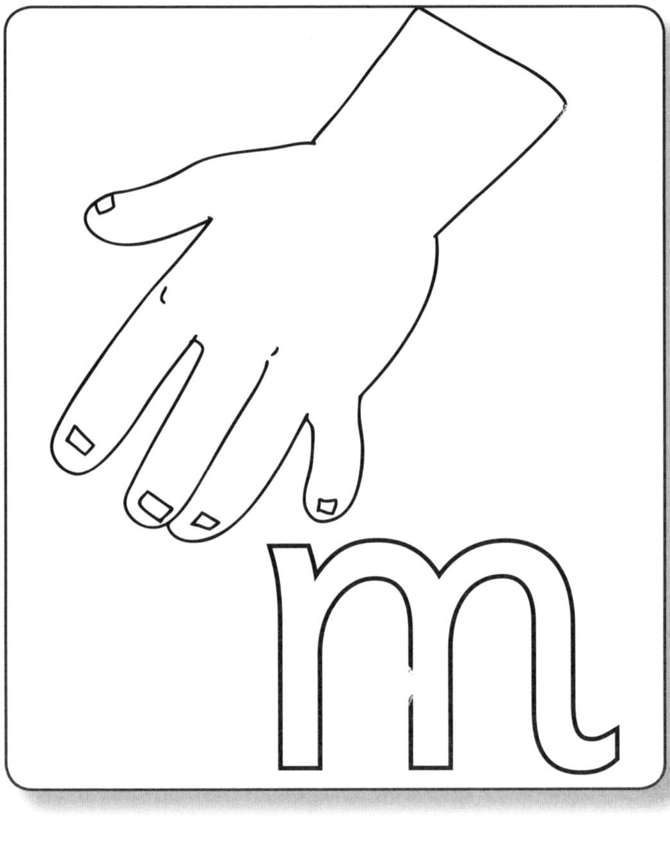

A. Escribe.

Sesión 6

N N N

n n n

Ñ Ñ Ñ

ñ ñ ñ

B. Colorea y di.

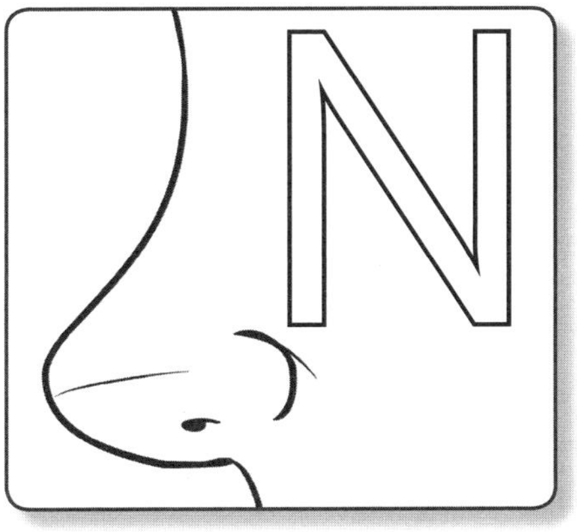

Sesión 7

A. Cuenta y une.

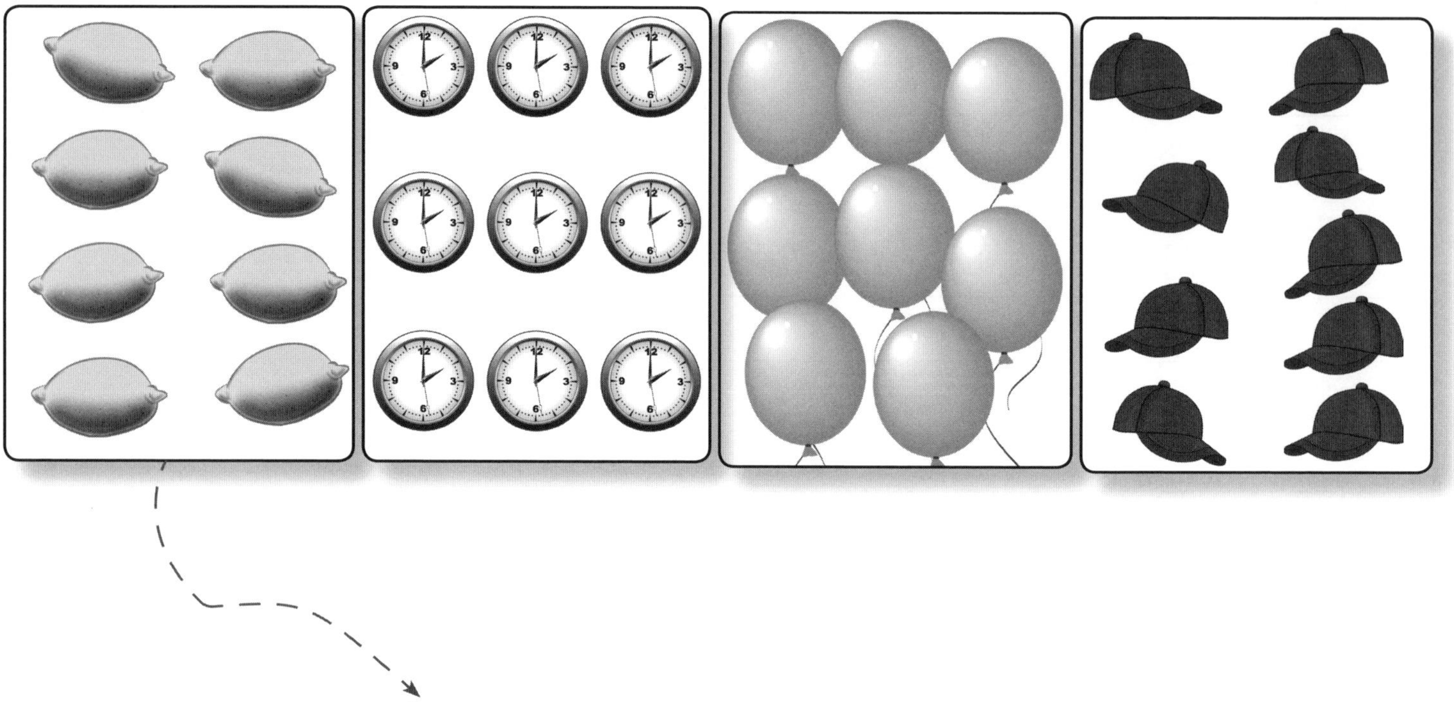

8

9

B. Escribe.

8 8 8

9 9 9

A. Une y colorea.

h m e j

B. Une.

G	N	l	J	b	B	e	I
n	g	j	L	H	h	E	i

7 La granja

MI PROGRESO

Sesión 1

A. Une.

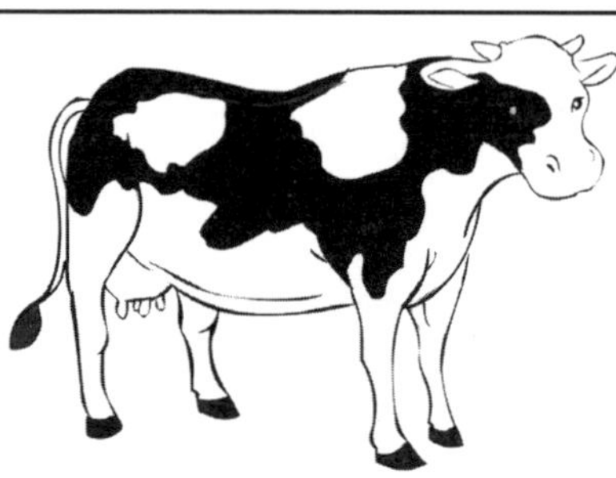

A. Une los animales y colorea las parejas del mismo color.

A. Lee y pega.

gallina

conejo

oveja

vaca

A. Escribe.

O O O

o o o

B. Colorea y di.

Sesión 5

A. Escribe.

P P P

p p p

B. Colorea y di.

A. Escribe.

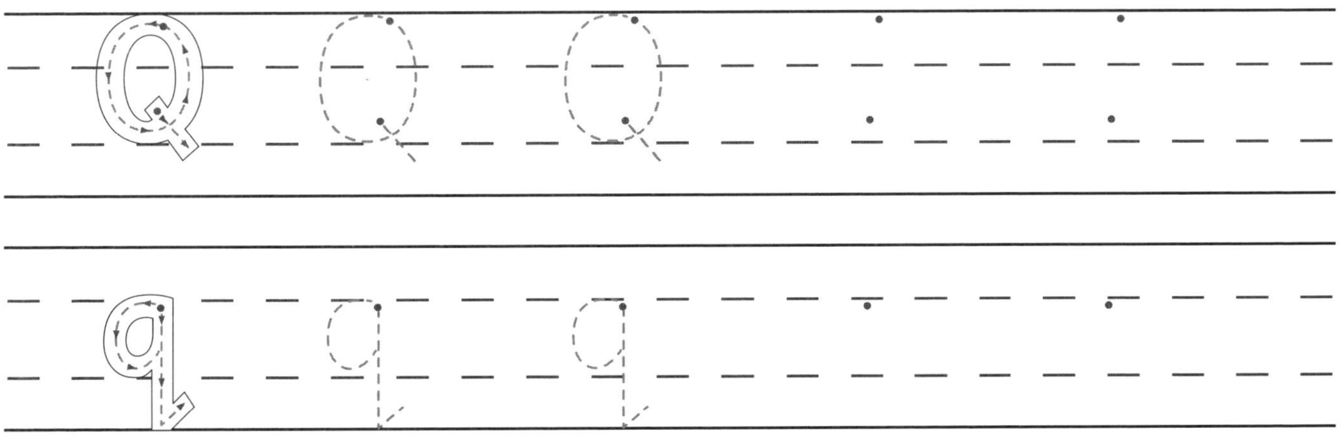

B. Colorea y di.

Sesión 7

A. Cuenta y rodea.

8 9

9 10

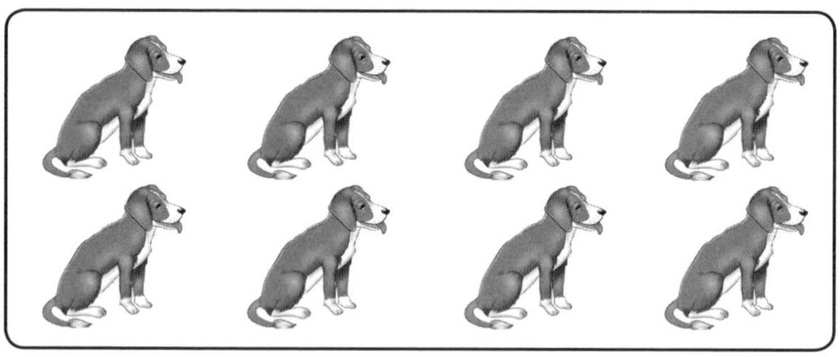

8 9

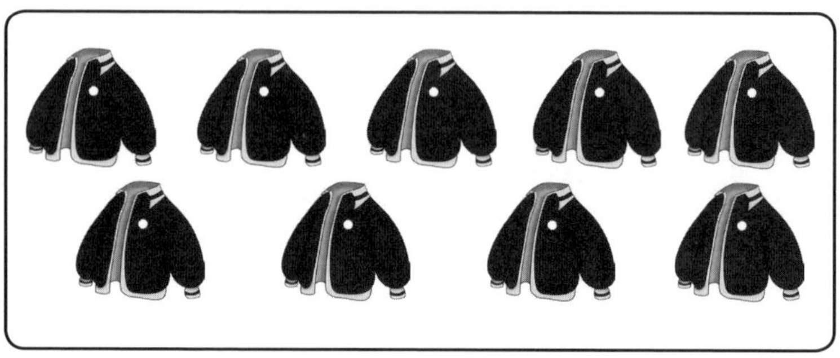

9 10

B. Escribe.

10 10

A. Di y rodea.

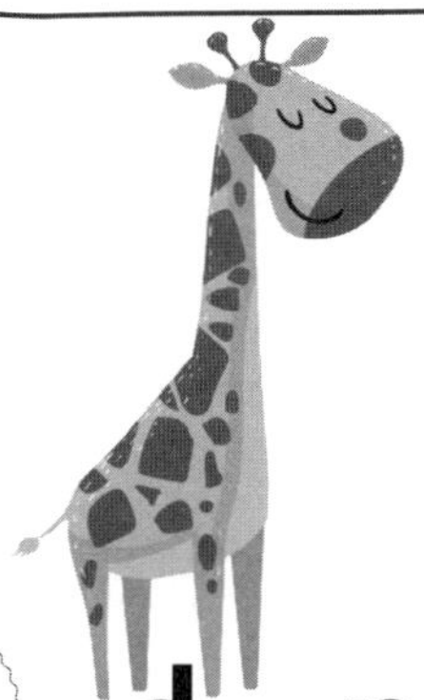

j d p

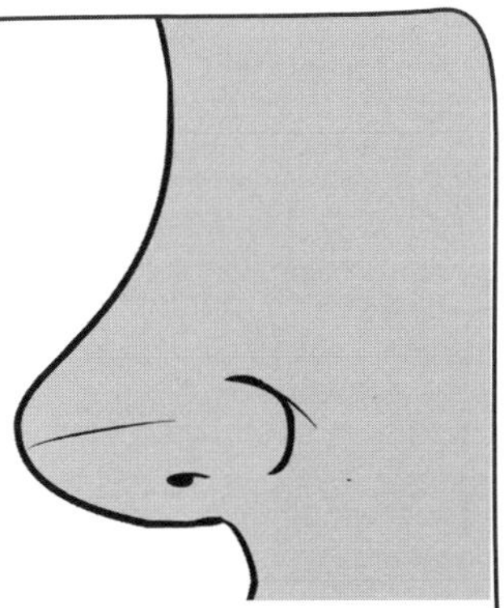

f n a

h c q

m n o

l k j

g e i

B. Une y escribe.

e p g

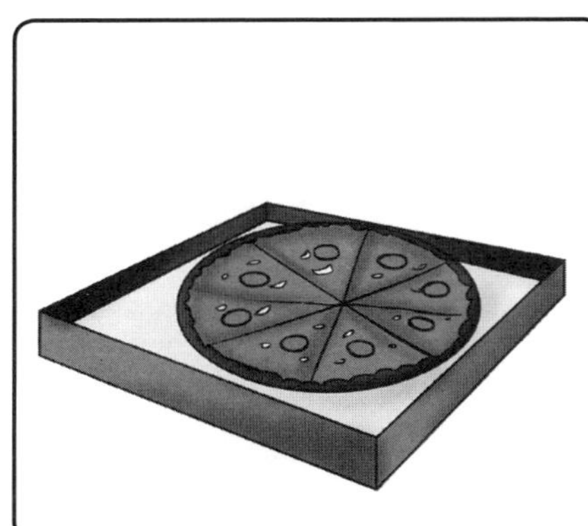

_______lefante _______ato _______izza

8 Mi cuerpo

MI PROGRESO

Sesión 1

A. Encuentra y une.

A. Encuentra y colorea.

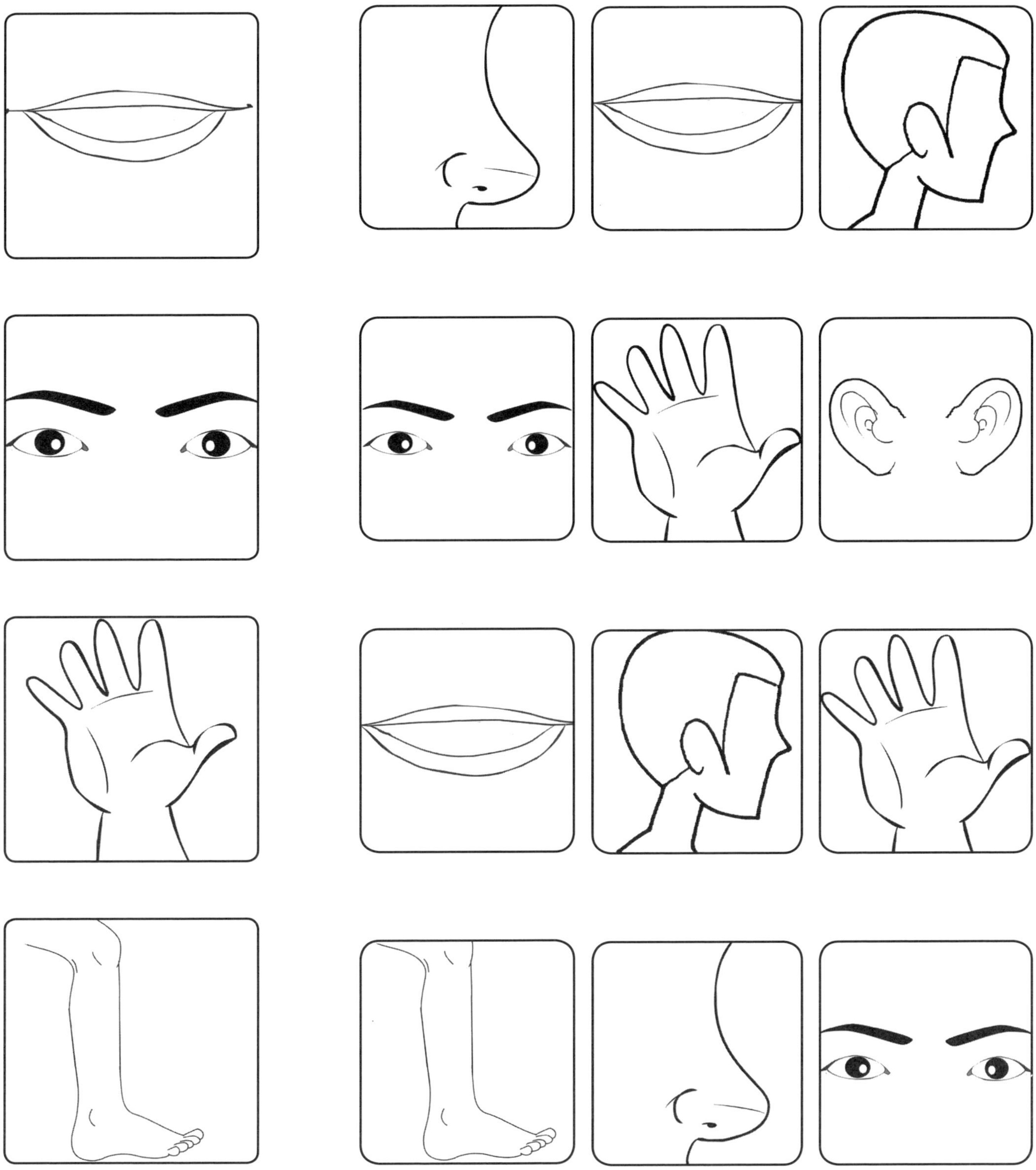

Sesión 3

A. Une.

A. Escribe.

R R R

r r r

B. Colorea y di.

Sesión 5

A. Escribe.

S S S

s s s

B. Colorea y di.

A. Escribe.

T T T

t t t

B. Colorea y di.

Sesión 7

A. Cuenta, une y colorea.

5

10

9

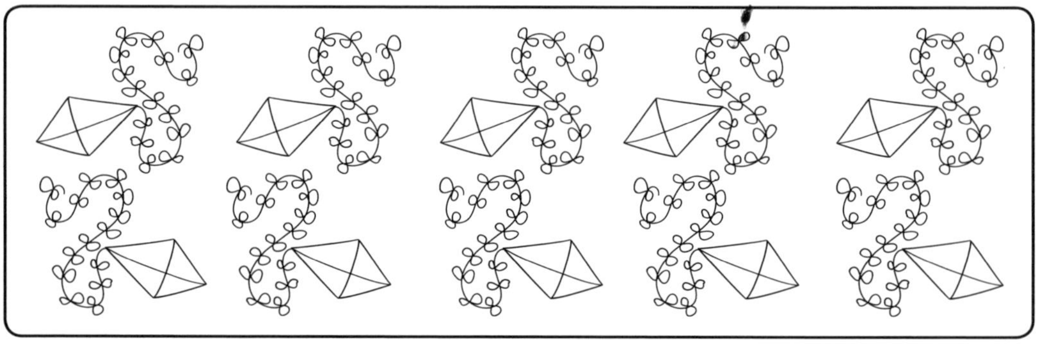

8

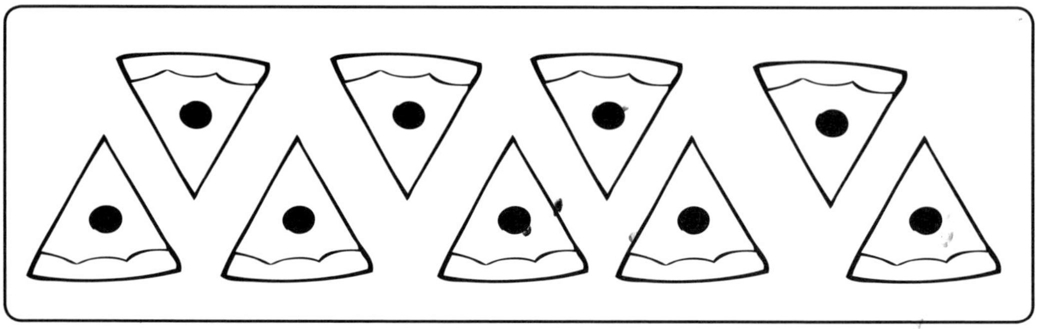

7

A. Mira y rodea.

d m ñ f

a q c f

ñ e m i

h g b l

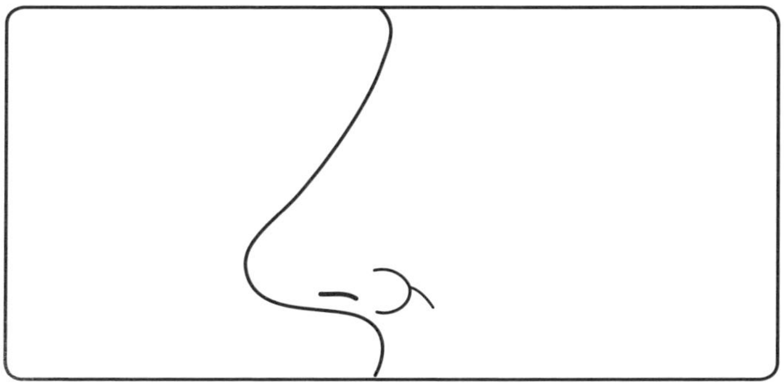

c n g j

9 La comida

MI PROGRESO

Sesión 1

A. Une y di.

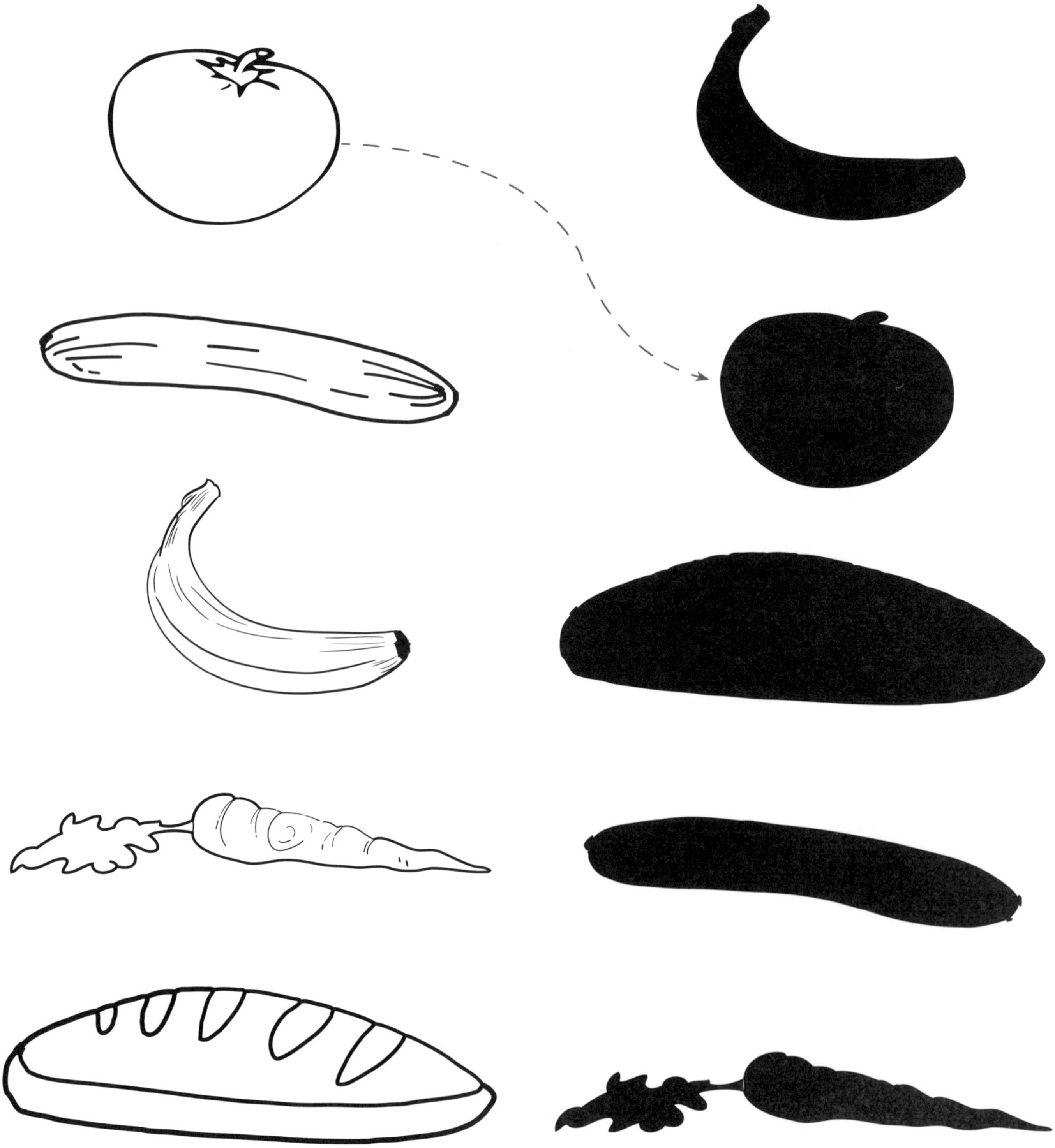

A. Mira y une.

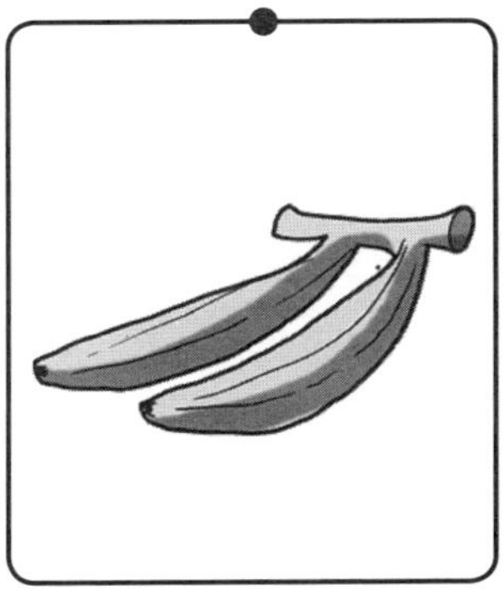
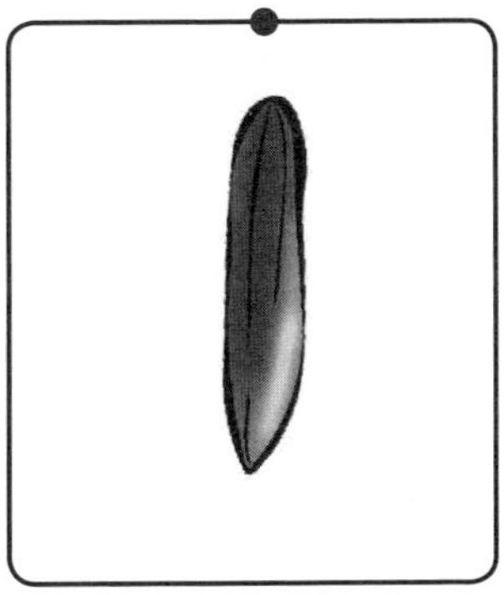

Sesión 3

A. Di y escribe.

n b j v

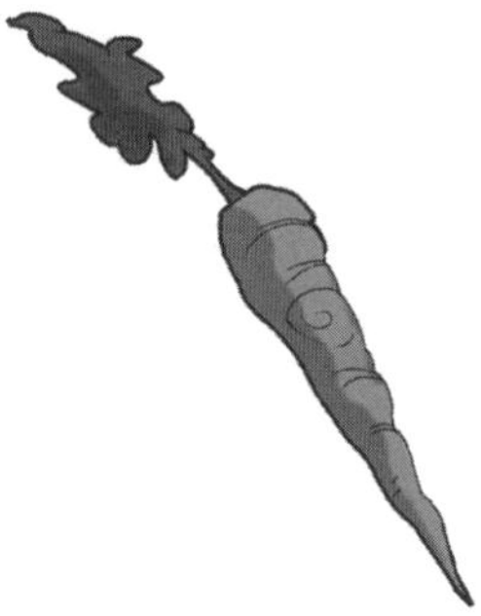

Z

B. Colorea.

A. Escribe.

U U U

u u u

B. Colorea y di.

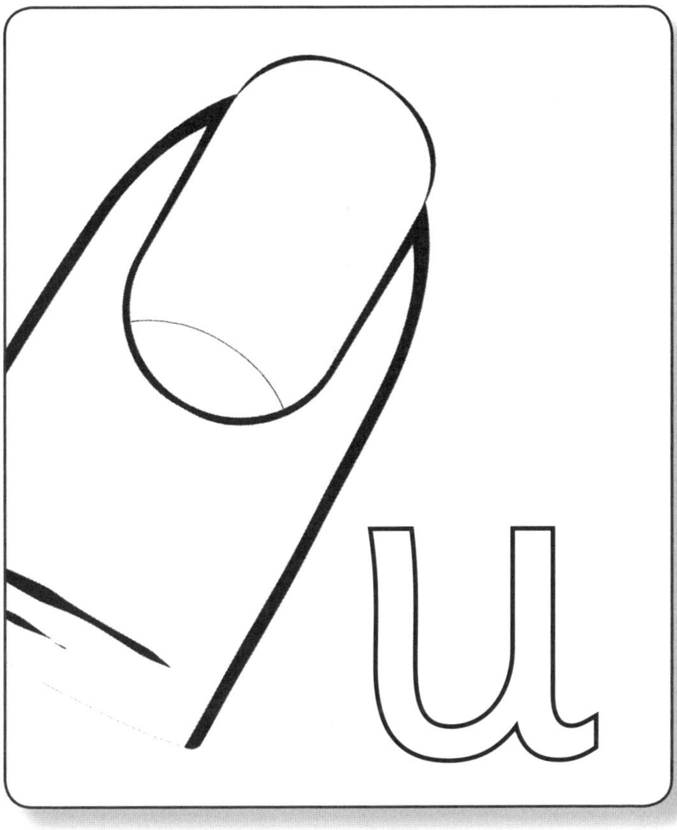

Sesión 5

A. Escribe.

B. Colorea y di.

A. Escribe.

B. Colorea y di.

Sesión 7

A. Mira, cuenta y escribe.

8 7 6 3 2

 ______________

 ______________

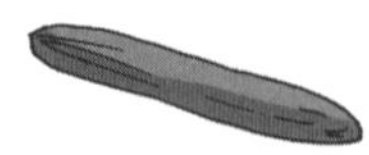 ______________

 ______________

 ______________

B. Escribe y di.

1

3

6

9

A. Encuentra y rodea.

S	G	p	v	S
Q	R	Q	w	q
v	B	u	v	t
g	g	f	l	I
H	d	n	H	o

B. Colorea la letra que es igual.

n	m	h	i	n
o	e	o	c	a

10 ¡Es fin de semana!

MI PROGRESO

Sesión 1

A. Pega.

A. Une y di.

Sesión 3

A. Di y colorea.

A. Escribe.

X X X

x x x

B. Colorea y di.

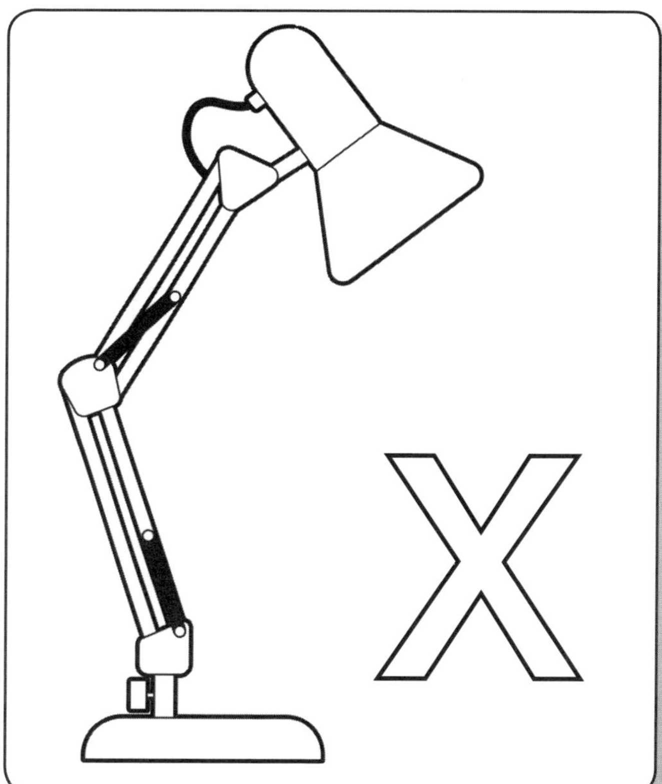

Sesión 5

A. Escribe.

B. Colorea y di.

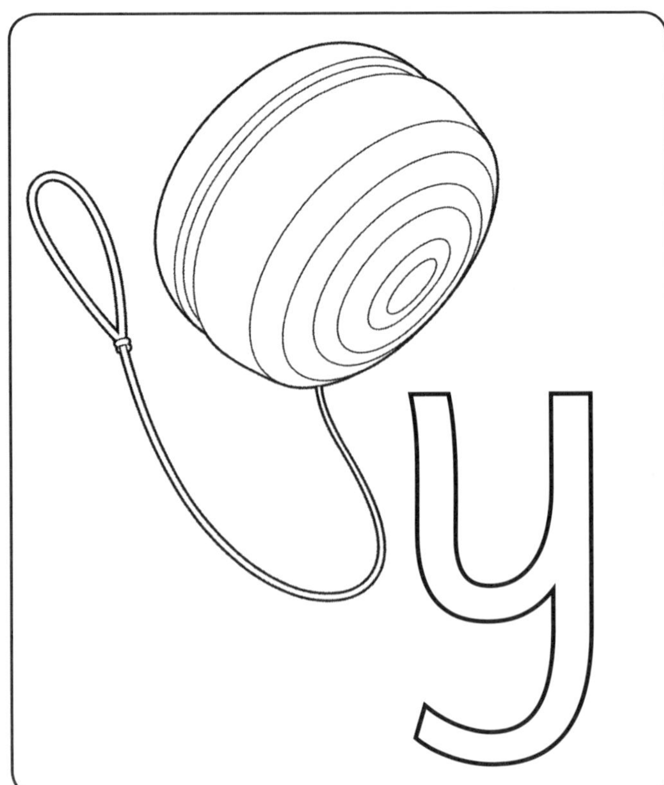

A. Escribe.

Z

z

B. Colorea y di.

Sesión 7

A. Une los números en el orden correcto. Ayuda a Beni a encontrar a Lola.

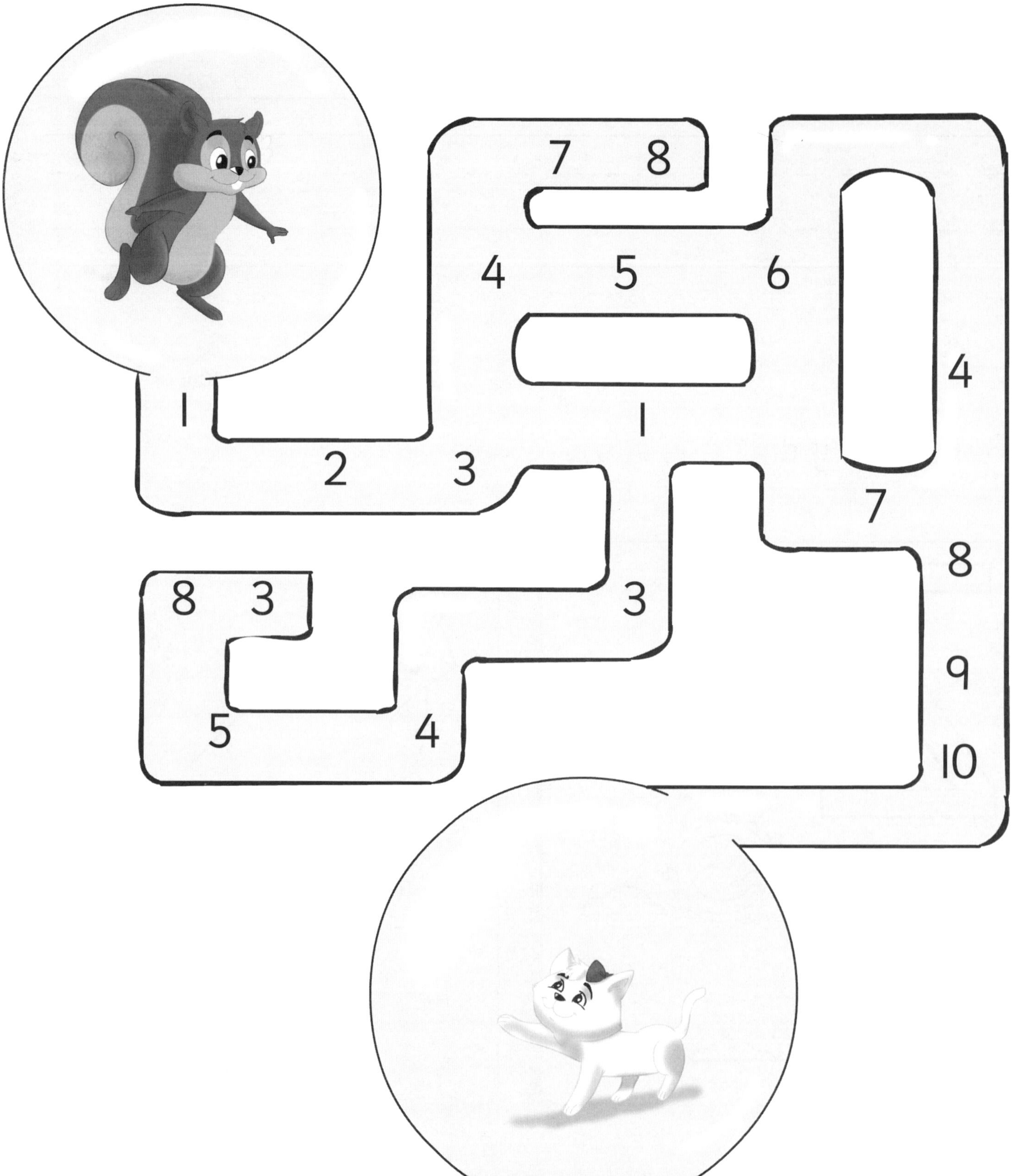

A. Sigue las letras.

El abecedario

Aa

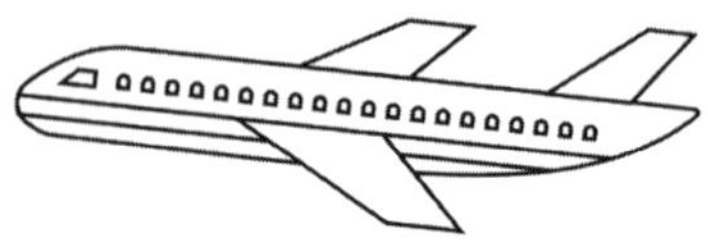

Bb

Cc

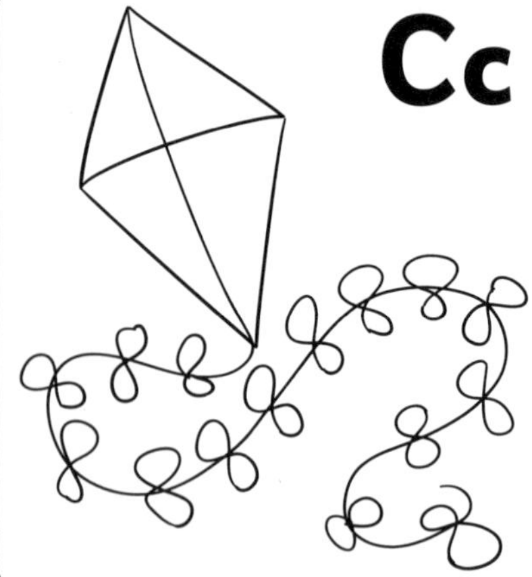

Dd

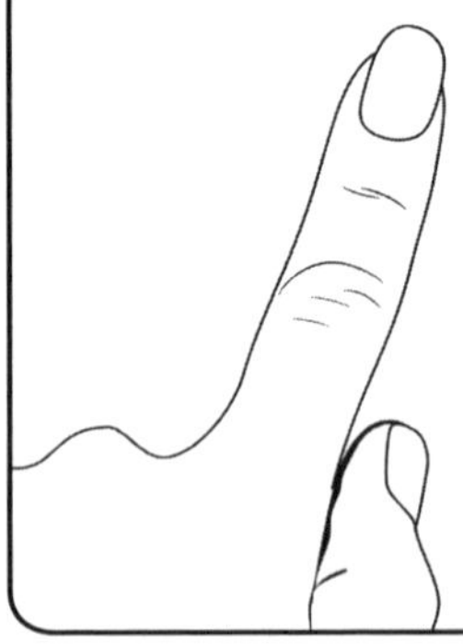

Ee

Ff

Gg

Hh

Ii

Jj

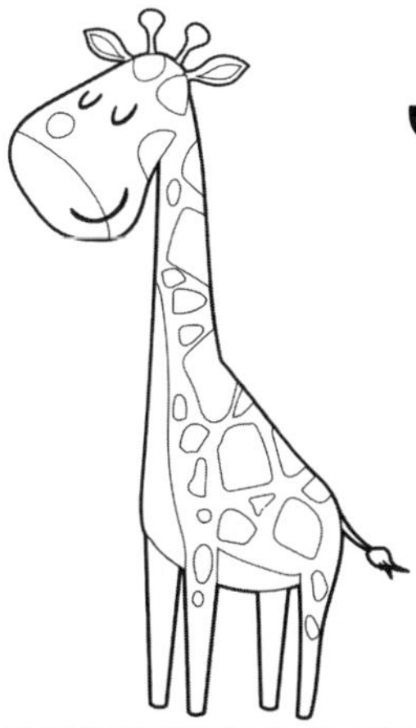

Kk

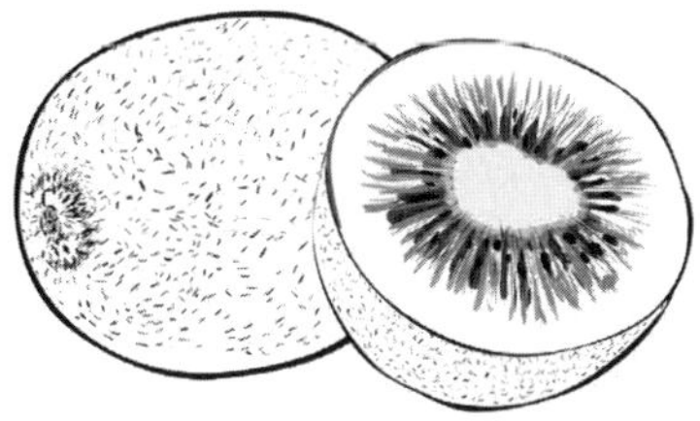

Ll

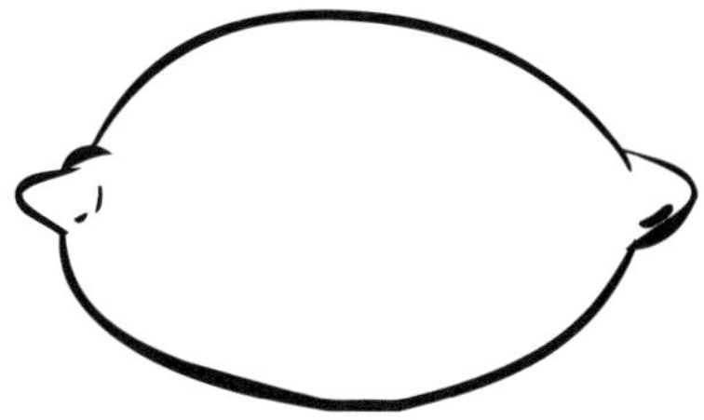

Mm

Nn

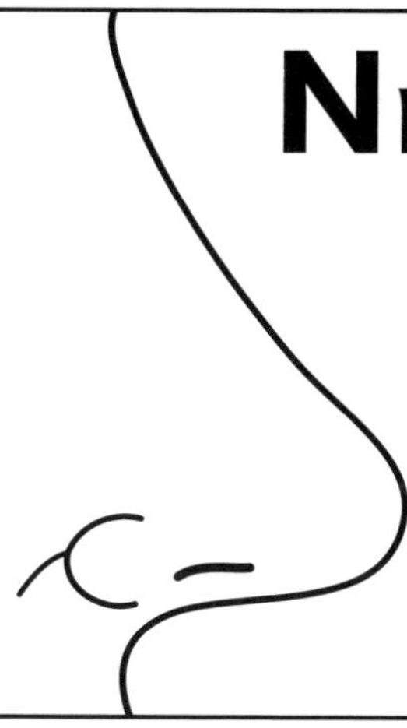

Ññ

Oo

Pp

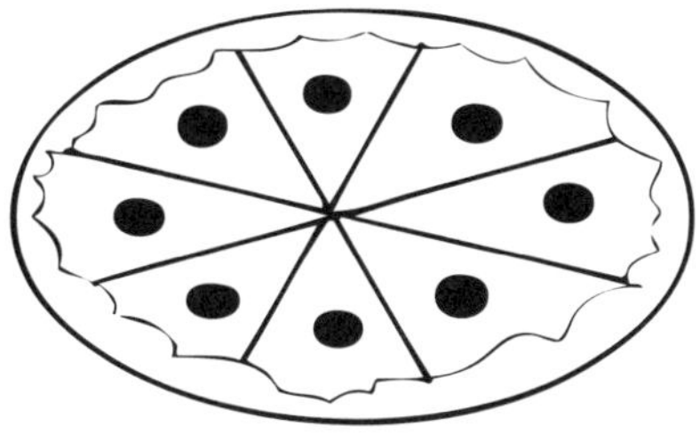

Qq

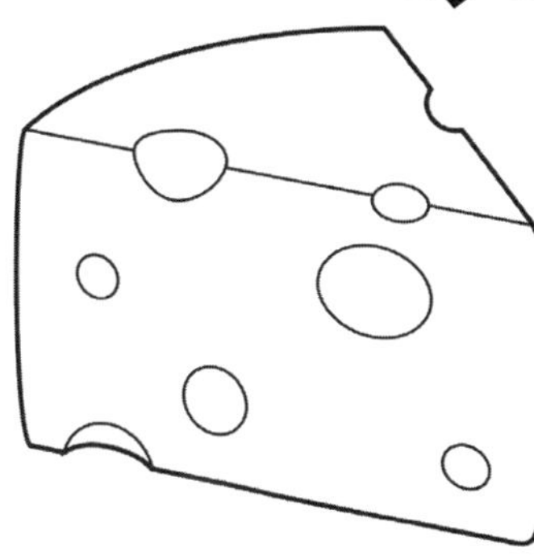

Rr

Ss

Tt

Uu

Vv

Ww

Xx

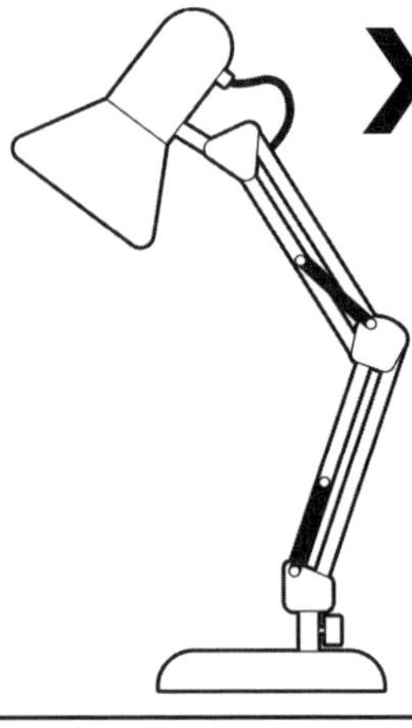

Yy

Zz

Los números del 1 al 10

1

uno

2

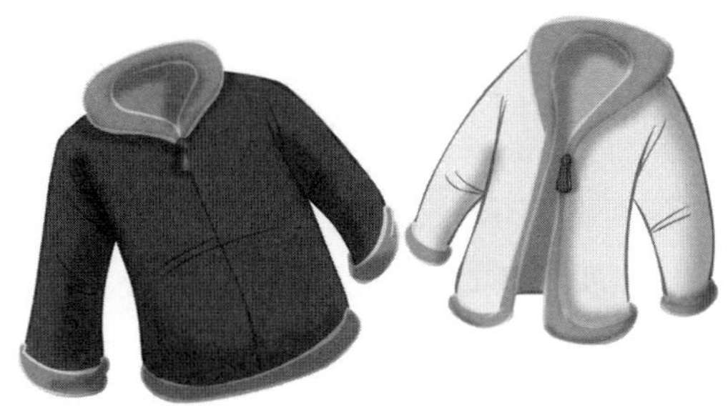

dos

3

tres

4

cuatro

5

cinco

1	2	3	4	5

uno	dos	tres	cuatro	cinco

seis

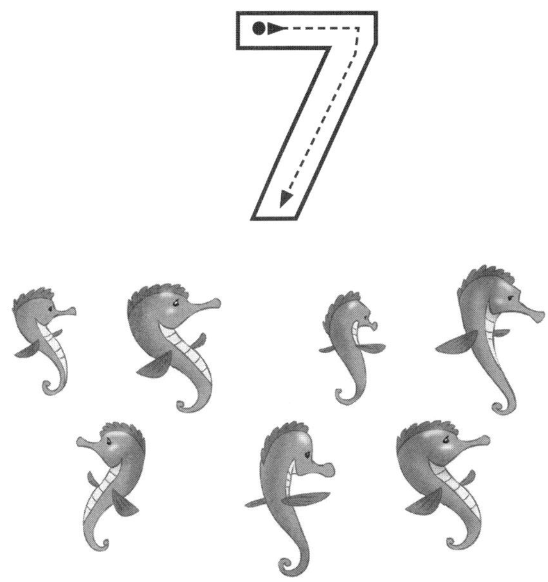

siete

ocho

nueve

10

diez

1

uno

2

dos

3

tres

4

cuatro

5

cinco

6

seis

7

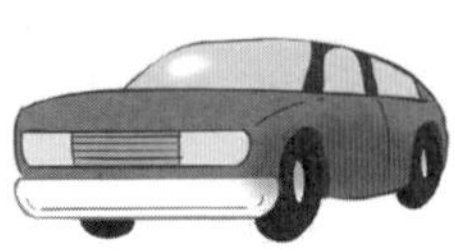

siete

8

ocho

9

nueve

10

diez